YUNNAN TOBACCO STORY

云南烟叶故事

◎主　编　宋红霞　宋丽华
◎副主编　李晓亮　赵鸭桥　曹　虹
　　　　　张榆琴　起建凌　路　遥

云南出版集团公司
云南科技出版社
·昆明·

图书在版编目（ＣＩＰ）数据

云南烟叶故事 / 宋红霞，宋丽华主编. -- 昆明：
云南科技出版社，2013.6
ISBN 978-7-5416-7218-7

Ⅰ. ①云… Ⅱ. ①宋… ②宋… Ⅲ. ①烟草—农村发展—
云南省②故事—作品集—中国—当代 Ⅳ. ①
S572②I247.8

中国版本图书馆CIP数据核字(2013)第143676号

责任编辑：胡凤丽　杨　雪
责任校对：叶水金
责任印制：翟　苑

云南出版集团公司
云南科技出版社出版发行
（昆明市环城西路609号云南新闻出版大楼　邮政编码：650034）
昆明天泰彩印包装有限公司印刷　全国新华书店经销
开本：787mm×1092mm　1/16　印张：6　字数：150千字
2013年9月第1版　　2013年9月第1次印刷
定价：42.00元

序 言
Foreword

　　纵观人类发展的历史，不同国家和民族，无论采取什么样的制度，无一例外都经历了从生存、温饱、安全到享受自由的发展历程。我国自新中国诞生以来，同样经历了民族独立、解决温饱问题和实现国家富强的过程，并在今后准备实现百年中国梦。因此，过去几代人的憧憬和梦想已经变成了现实，我们今天的梦想也将在未来变为现实。这不仅体现了中华民族复兴的伟大征程，更重要的是体现了新中国成立以来中国特色社会主义建设道路的成功，是中华民族的最大幸事。

　　从我国的经济社会发展方式来看，我们经历了以阶级斗争为纲、以经济建设为中心、"两手抓，两手都要硬"、经济、政治、社会、文化四个建设到经济、政治、社会、文化和生态文明五个建设的不同阶段和要求。毋庸置疑，健康、安全、和平以及和谐发展已经成为当今时代的主旋律。"我们需要经济增长，但不需要带血的增长"，"我们需要GDP，但更需要绿色的GDP"，"我们需要发展，但不能以牺牲环境和人的健康为代价"，这些观点是过去发展教训的总结，在当今的中国已经越来越成为社会的共识以及党和政府制定政策的着力点。

　　置于历史的长河之中，我省烟草产业的发展正是人类发展过程的浓缩和写照。在过去特定的历史发展阶段中，我省烟草产业今天的辉煌，是过去历代领导人和烟草企业从我省优势资源出发而做出的正确选择，它是我省农业现代化最成功的案例，它为国家和我省经济社会的发展发挥了不可替代的重要历史作用，而且它还会在今后的发展过程中存在相当长的时间，并持续发挥作用。但是，在科学发展的主旋律下，人们对安全、健康、权利和自由的追求已经呈现不可阻挡之势，党和政府顺应各民族过上美好幸福生活的愿望，及时提出了科学发展、"五个建设"、建成美丽中国和实现中国梦的伟大目标。而随着科学的发展，人们对烟草给人类健康带来的危害性认识越来越清晰，被动吸烟者对自身权利保护的主张越来越强烈，世界范围内的控烟运动越来越高涨，作为一个负责任的政府，我们必须对人民的健康负责，必须担负起历史的责任，必须履行相应的国际责任和义务。从这个意义上来说，实现烟草产业控制性地发展，应该成为当务之急，已经不可避免，更是一种未来发展的需要。

我省的烟叶生产一直是有计划的生产，目前处于减工、提质、增效的时期。长期以来，我省烟叶生产主要的经验是：将农民的烟田作为卷烟企业的第一车间，将烟区的基础设施建设工作长抓不懈，将烟叶生产的最新技术送到农民的田间地头，将烟叶生产的各个环节规范化和标准化。存在的主要问题是在长期产业化的过程中，烟农对烟叶生产尤其是烟叶收购价格没有话语权，或者说是烟叶收购价格长期偏低，烟叶生产的比较收益明显下降，烟叶生产山区化、穷人化和边缘化的趋势增强。这与减工、提质和增效的要求可以说是格格不入，再加上世界范围内的控烟运动和趋势，我省的烟草产业发展目前处在了一个重要的战略转折期，盲目乐观和罔顾世界形势都是不可取的，审时度势、未雨绸缪和顺应时势才应该是科学的态度，也才是历史唯物主义者的态度。

如何实现这种历史的转折，同当年烟草产业发展的历史决策者一样，我们需要足够的勇气和智慧。我们应该采取的措施：一是按照提质、增效的原则将烟叶生产稳定在特定区域和范围之内，二是大力开展替代产业研究和发展，三是在公共场所严格禁烟，四是立法保护被动吸烟者的权益，五是加强全民族的健康意识教育，六是深化烟草对健康危害性的科学研究，七是逐步摈弃烟草所承载的正面的文化符号和社会含义。在这些不同的选择中，目前最重要的政策措施应该有两条：一是实行烟草产业的稳定和限制性发展，在提质增效上面做文章；二是大幅度提升烟农的收益水平，稳定种烟队伍，维护烟农利益，实现和谐发展。未来的发展趋势应该是：按照生态、健康、安全以及和谐的发展要求，积极发展烟草替代产业。

云南农业大学经济管理学院

前 言
Preface

云南100年前即开始种烟，并在1979年开始加速发展。1988年，云南烤烟产量即达50万吨，也因此占据烤烟产量全国第一的地位，至今未变。2007年，云南省十二个主要产烟州市的114个县（市/区）中，就有99个种烟。2010年，全国的烤烟产量中，有39.9%来自云南。近年来，虽然两烟（烤烟和卷烟）利税在云南省的财政收入中，比重有所下降，但烟叶种植和卷烟生产量仍然年年上升。在今后几年内，对两烟的推广和提升，仍然是云南省政府发展经济的重要战略。

与此同时，我国因烟草相关疾病而死亡的人数逐年上升，至2005年已达每年120万。为"保护当代和后代免受烟草消费和接触烟草烟雾对健康、社会、环境和经济造成的破坏性影响"，世界卫生组织于2003年发布了《烟草控制框架公约》（下简称《公约》），我国政府于2006年1月开始正式履行和实施该《公约》。为从种植和生产环节减少烟草的供应，《公约》17条和18条提出，要"对经济上切实可行的替代技术提供支持"，并从保护环境的角度出发，减少烟草种植、保护环境和人员健康。2012年7月召开的第五次缔约方会议上，专门针对这两个条款，对全球烟草种植的情况做了深入的分析和讨论，指出了烟草种植对环境的破坏，及种植者所承受的健康风险和其他风险。我国政府2012年出台的"中国烟草控制规划（2012～2015）"中，也提出要"鼓励烟叶产区发展烟叶替代作物，压缩烟叶种植区域，努力为转产烟农提供切实可行的支持和帮助"。

以上信息的不对称，表明了在减少烟草使用的全球趋势下，云南省政府已无法回避烟草替代种植问题，同时也表明了各利益团体对烟草经济的长期依赖不会一朝消失。要有效促进政策的改变，需要有更多的实证性研究，从多个角度去探讨替代种植的可行性和必要性。可是，当云南农业大学经济管理学院和云南超轶健康咨询中心课题组开始对这一问题进行研究时，却发现在云南省经济发展中长期扮演了重要角色的烟草种植，拥有话语权的主要是政府和烟草企业，鲜有独立的、多视角多领域的研究者涉足。

于是，为比较全面、客观地揭示烟草种植的方方面面，为今后我省的经济产业结构调整和转型提供科学的证据，我们在两年前开始利用一些下乡的机会，走访了云南省的六个老烟区和新烟区，访谈了与烟草种植有关的各个群体近百人，尤其是访谈了大量烟农，因为作为烟草种植的最直接的劳动者，他们的声音在以往常被忽略，甚至被描述为烟草经济的最大受益者。

为了接近真相、回答心中的疑问，我们在研究过程中力求保持客观的态度，不轻易对烟草种植对经济发展的优劣和利弊做简单评价。而且在事实上，我们也逐渐认识到，由于云南省种烟的年代和地区在政治、经济、文化上的千差万别，使种烟的历史和现实，都显得极其复杂，远远不是一两句话就能加以概括的。我们甚至一度不知道该采取何种方式，才能把研究发现比较清晰的呈现在决策者、研究者和社会公众面前。

经过反复的讨论和思考，我们最后决定，就采用故事这样的载体，把我们所看到的、所听到的以及所感受到的，朴实直观地放到公众面前，让大家做出自己的判断。就这样，我们整理了研究过程中地所见所闻，也向一些与烟草种植有密切关系的人征集了他们的感受。于是，就有了这本《云南烟叶故事》。

在编撰的过程中，出于故事讲述者的要求，或是出于一种不得已，我们对故事中的人物地点都做了处理，使用了化名。但这不影响故事的真实性。大家可以看到，在这本书中，我们尽可能多地吸纳了不同人群（如政府官员、烟站职工和烟农等）对种烟的体验和看法，也尽量使其能反映种烟后面的运作机制，以及有关生计、市场、劳作、环境和生态等多方面的问题。因此，这本书虽然只有不到三十个故事，却勾勒出了一幅生动的"种烟图"，让读者能对烟草种植有大致的了解，也对在控烟这一历史潮流中，烟草种植应何去何从，提供了一种思考框架。

我们希望，通过这本小书中各位主人翁的视角，可以弥补烟草种植这一重要议题中的研究空白，可以为决策者提供科学的证据。我们真切地希望中国政府能真正担负起履行《公约》的义务，更为长远的考虑可持续生计，以及烟草种植、生产和使用与环境保护、健康保障之间的关系，努力实现党中央十八大"建设资源节约型、环境友好型的社会"的目标。

最后，要向所有接受我们访问、讲述故事的人们致谢！要向所有在这一研究过程中提供了帮助的人们致谢！

云南超轶健康咨询中心

目 录

CONTENTS

Yunnan Tabacco
Story
云南烟叶故事

烟农女儿的暑期生活

A Summer Break of the Daughter of A Tobacco Farmer

2010年，小杨迈入了大学校门。她的学费对家里无疑是一笔巨额的开销，仅靠家里种地的收入很难支撑。于是，在与爸爸商量后，妈妈随亲戚远赴浙江打工。奶奶在小杨高考前去世，而初中未毕业的弟弟也离家外出打工。所以，从小杨大学生活伊始，家里就只剩下父亲一个人。

以前家里的活有妈妈和奶奶帮忙，地里的活看起来也不是太重。每次放寒暑假时，爸爸妈妈总让小杨专心学习，不要操心家里的事情。2011年7月中旬，临近放暑假前，小杨还在纠结是去浙江看妈妈，还是回家帮父亲。妈妈在电话里说："你还是回去吧，多少可以帮你爸爸一点。"于是没有提前和爸爸打招呼，小杨就和同学踏上了归家的旅途。

晚上八点多的时候，小杨终于到家了。然而，迎接她的只有锁着的大门。她没带家门的钥匙，一直等到天已经黑透了，给烟叶打农药的父亲才回来。父女俩简单地弄晚饭吃了以后，父亲还记挂着要喂蚕。父亲只简短地对小杨说了句："坐车累了一天，早点洗了睡。"

第二天早上小杨睡得正香，迷迷糊糊听见爸爸说："饭在锅里，起来自己热一下，我要到烟地里去了。"小杨一骨碌爬了起来，揉了揉惺忪的睡眼，一看时间，还不到六点。她对爸爸说："我和你一起去。"爸爸说："不用了，你读书辛苦了，再睡一下。"爸爸坚持不让小杨去地里，小杨只好说："那么我喂蚕吧，反正喂蚕的时候是不能有烤烟味道的。"

从这天开始，小杨的暑假生活就一直忙忙碌碌的。父亲非常忙，忙着给烤烟打农药，忙着封顶（将烤烟顶部的烟花、烟芽、烟叶等摘除），忙着修烟，忙着烤烟，忙着给烟分级，忙着卖烟……小杨也一直帮着父亲一起采桑叶，喂蚕，编烟，将烟叶送烤房，卖烟。这些活计父亲干起来是驾轻就熟，而小杨却要不断学习。就拿编烟来说，这可是个技术活，如果编得太松，烤的时候烟叶会掉下来，如果编得太紧太密，烟叶又会变乌，所以小杨只能帮父亲递整理好的烟叶。烟叶进烤房时也很讲究，放在烤房的哪个位置非常重要，位置放不好，要么就烤焦了，要么烟叶颜色不好。

蚕喂到五龄期（已经脱了四次皮的蚕就进入了第五龄，到五龄末期成为熟蚕，就吐丝结茧了）的时候是最繁忙的。早上天还没亮就要到山地里采桑叶，回来要清理一次卫生，晚上要弄到凌晨一两点，尤其需要注意的是身上和手上不能带上一丝烤烟的味道，接触桑叶和蚕之前必须洗澡和换衣服。小杨为每次喂蚕之前烦琐的清洁工作而心烦，觉得家里人手少，父亲不应该养蚕。父亲说："这也是没办法的事，桑叶是家里种的，不养蚕就白白浪费了。"

编烟叶是一门技术活。只有编得不松不紧，才能保证烟叶质量。

养蚕也就个把月的时间，顶多是多出点劳动力。不养点蚕调剂着，万一烤烟价格不好，家里连生活费都没有。"小杨和父亲一边忙种烟，一边忙养蚕，真恨不得把自己劈成两半。一天早上，当小杨去喂蚕时发现已经快要结茧的蚕死了近一半，她吃惊之下，连忙让父亲来看。父亲看后叹口气说："可能是我们之前的清洁工作没做好，蚕中了烤烟毒了。没办法了，只有以后多注意一点，好好养剩下来的蚕。"

在家差不多忙碌了一个月后，小杨在8月底返校了。妈妈也在开学前把学费汇了过来。家里的烟还没有收完，蚕也还继续养着。这些都靠父亲一个人忙了。

后来，小杨从父亲那得知当年家里的收成很差。蚕因中毒死了近一半，没死的也多是病蚕，作出来的蚕茧是又薄又小，卖不起价。这一季家里养了一张蚕，按往年的价格可以卖到800元到1200元左右，但这次才卖了500元多一点，连成本都没找回来。烤烟的收成也不好，4亩多的烟，父亲之前说至少也要卖2万块，可由于干旱导致烟叶质量本身就不太好，烤烟时又有好几次温度没控制好，加上卖烟时定级定得低，最后才卖了1万多一点，除去买化肥农药的钱，就剩下8千来块钱。

年末，在小杨母亲的劝说下，父亲也远赴浙江打工去了。虽然父母对浙江寒冷的冬天和炎热的夏日很不适应，但还是在那里坚持着。年纪渐长的父母说在外打工只是权宜之计，他们打算在小杨大学毕业后，回到老家继续种烤烟，继续养蚕。

小小年纪的打工经历

One Child's Work Experience

盛夏的风吹暖了整个村庄，孩子们也迎来了盼望中的暑假。在这个热浪滚滚的日子里，家乡的烟叶也到了收获的季节。几年前，相对于种水稻和油菜等，种烟叶的收入更多些，乡上的好多农户和我家里的许多亲戚都种了烟。因为小姨家种烟较早，所以从我记事起，暑假总是充满了浓浓的烤烟味道。

我常常听妈妈说，盛夏时节小姨他们天还没亮就已经去打烟（"打烟"指采摘烟叶）了。打烟可是一件辛苦活，烟农一般都要穿雨衣，因为烟油会把你的身上染得黑糊糊的，很难清洗。长时间下来，许多烟农的手不仅粗糙，手指还像被染了黑油漆的胡萝卜一样。由于大人都去打烟，家里人手不够，我也常被大人们揪去编烟。编烟是烟叶种植很重要的一道工序，把烟叶编好在竹制的烟杆上后，才能挂到烤房里进行烘烤。编烟是一项技术活，有一定难度，如果编不好会直接影响到烤烟的质量，因此我们小孩子只能给大人打下手，帮忙将烟叶理整齐后递给大人。烟叶烤好之后需放置几天，等到烟叶皮（"皮"指烟叶回潮变软）了，才能将烟叶进行整理分级。由于这道工序比较简单，外婆、外公带着我和小我一岁的表弟就能完成。慢慢地，我已经熟悉了整理烟叶的程序和技巧，因此我也就有了第一次打工的经历。

2007年暑假，妈妈给10岁的我找了个打工的机会，具体"工作内容"就是到村里的一个烟叶整理站将不达标的烟叶重新整理交售。第一次打工我既兴奋又紧张，约上了从小一起长大的表弟壮胆。那天刚吃过早饭妈妈就把我们带到烟叶整理站，将我们托付给熟人照应。

进了烟叶整理站，里面已经坐满了人，大多是老人和小孩，他们大都是从清早就开始干活了。房间里到处都堆满了烟叶，有些整整齐齐堆放着，而有些用麻布口袋装着，凌乱地堆放着。一个身穿白褂，带着口罩的工作人员，发了一双手套给我们，让我们自己找空位坐下。我和表弟拿着手套，找到座位坐下，但却不知道如何下手。这时，旁边一位老婆婆说："这很简单，就是把皱的烟叶给捋直抹平了，看，像这样。"说着便拿起一片烟叶放到双腿上，左手压着烟叶的尾部，用右手从头顺到烟尾，最后又用手整理了一下一些没抹平的地方。"就这样，很简单吧？"看到婆婆慈祥的笑容，我们有了信心，很快就上手了。我们发现，这和像平时烤烟后整理烟叶的方法差不多，只不过这些烟叶皱得厉害，理起来比较费力。就这样，我们不停地整理着烟叶。

整理烟叶看起来简单，但时间一长，还是挺累人的。我的胳膊酸得都有种抬不起来的感觉，头也有些晕。我想到自己都觉得这么累，那么那些六七十岁的老人肯定更辛苦了。于是我和表弟相互鼓励，一直坚持着。

终于熬到了下午6点左右，人们陆陆续续起身，带着这一天整理好的烟叶到门口过秤，旁边的婆婆也带着我们去排队。房子里又闷又热，烤烟的味道很浓，队又排得好长好长，让人看着就觉得烦躁。排在我们前面的是一个很老的奶奶，她驼着背，胳膊里夹着的烟叶差不多只有我们的三分之一，那是她一天的劳动成果。我实在想不通她那么老，为什么还要来干这种又烦又累的工作。终于，轮到那个老奶奶称烟叶了，她动作迟缓而小心地把烟叶放到一个大称上。看秤的年轻小伙却露出一脸的不耐烦，喊到："快快快，后面还好多人呢，弄得那么少。""7斤!"说完便递给了老人一张条子。老人拿着条子缓慢地向收购员走去。轮到我们了，我们的少说也有10多斤20斤吧。果然，"21斤！"那个年轻小伙唰唰唰地在纸条上画了一个"21"递给我们。"喏，去那边拿钱！"语气很冷淡。我们拿着条子来到收购员处，"一斤6角，一共21斤，12块6。"收购员边说边把钱递给我。一斤才6角钱，也就意味着刚才那个老奶奶一天的工钱才4块2。我和表弟虽然又累又饿，但这是我们第一次挣钱，还是感到非常兴奋。这12块6也真是来之不易！

第二天早上，妈妈叫我起床时我已经累得爬不起来了，我的第一次打工经历也就此结束了。

烟农的手因为在采收烟叶时沾上烟油，手指看起来像抹了黑油漆的胡萝卜。

Yunnan Tabacco
Story
云南烟叶故事

我的童年记忆

A Childhood Memory

我家是一个典型的农村四口之家，在家里我排行最小，姐姐比我大四岁。都说农村的孩子早当家，我和姐姐很小的时候就参加生产劳动了。从我记事起，家里主要的经济作物就是烤烟，因此，种植烤烟的过程对于我来说是再熟悉不过的了。

虽然后来因上学远离了家乡，但种植烤烟的事情却总不能忘怀。每当回想起那一幕幕场景，脑海里就浮现出一部农村生活纪录片，让我的思绪久久不能平静。

记得我在上小学四年级的时候，我满心盼望的暑假到了，我心里盘算着假期里要好好玩玩了。可是，暑假也正好是烤烟的采收期，我得帮着家里干活呢。就这样，本想在假期好好玩耍的想法成了一个无法兑现的奢望，可望而不可及。我记得我当时心里有千百种的埋怨，但却没有勇气去向父母申辩。因为我知道，即便和父母说了，也不会有任何的改变。采摘烟叶时，家里是那么需要劳动力，哪怕我只是10岁的孩子。

放假第一天，一个阴雨绵绵的早晨，母亲的一声叫喊把我从睡梦中惊醒，"赶紧起床啦！不要睡了！村里面其他家的孩子都采烟去了，你还睡！？"

我听到叫唤，挣扎着从床上爬了起来，双手揉着惺忪的眼睛下了楼。我看到母亲一边焦急地催促着我，一边在寻找着雨具。我听见外面传来下雨的声音，抬头看了看窗子外面，还是一片漆黑。

"快！抓紧时间把脸洗了，穿上雨衣，待会儿和你爸爸赶着牛车一起来。我和你姐先去采着烟叶。来快点，不要磨磨蹭蹭的……"

"听见没有，不要半早上都赶不来。"姐姐补充道。

我赶紧回答道："听见了。"

洗完脸，我和父亲就赶着牛车出发了。雨还是淅淅沥沥地下个不停，泥泞的道路上到处坑坑洼洼。老黄牛在父亲的吆喝下，急促地往前奔走，我跌跌碰碰、跟跟跄跄地跟在旁边。

经过半小时的路程，我和父亲终于来到了我家的烟田。这时天空还是灰蒙蒙的一片，风夹着雨迎面吹来，我不禁打了一个寒颤。透过薄雾，看着眼前一片烟田，我脑海里只有一个念头：要是不种烟该多好啊！母亲看到我呆呆的，于是催促："别在地埂上呆呆的站着，赶紧采烟！"我看到母亲和姐姐全身都湿了，于是也参加到采烟的队伍里。由于我个子比较矮，每棵烟在我面前都显得很高大，虽然这让我穿梭其间行动自如，但要够到比较高的烟叶会非常吃力。

在采烟的过程中，我和姐姐也不免遭到母亲的训斥，母亲总是提醒我们："采烟的时候小心一些，不要揉搓到烟叶。"看着母亲如此爱护烟叶，就像爱护襁褓之中的婴儿一般。我对母亲的做法和呵斥不

种满烟叶的田间地头，成了烟区孩子们的"集体记忆"。

以为然，就借着小声嘀咕，发发牢骚，宣泄一下内心的不满，甚至还会顶撞母亲。然而母亲只是笑笑，并不理会我。也许是我当时太小，并不懂母亲的笑代表什么意思。但我现在想想，天下的父母谁忍心让自己的孩子淋着雨干农活，我的父母也不例外吧？经过我们一家四口一上午的采摘，成熟的烟叶已经被采完了，并被整齐地摆放到车子里。此时，雨已经停了，但丝丝凉风拂面而来，还是让人感觉阵阵凉意。等父亲把车子驾好后，我们一起往回家的路上赶……。我的肚子早就饿得咕咕叫了，向父母抱怨了几句，但说了也没用，早饭要等回家才现做呢。

回家的路上，父母一直在说着种烤烟的事情。他们感叹说："今年的烤烟长得太好了，可惜一开始就栽少了……"在一旁的我听了马上就反驳道："都栽种七八千棵了，还叫少！真是想累死人！"母亲听了之后，笑道："其实，种烟这么辛苦，我和你爸都想少栽一点，甚至不栽烟。但是不栽烟，你们上学的学费从哪里来呀？

看到你和你姐姐被雨淋成这样，我们也不好过。"听了这些，看到父母也一样被雨淋透了，我再也没有勇气和父母诉苦了。或许在这一刹那，我又长大了许多，心里渐渐明白父母的良苦用心。在他们的心里，也许只有一个最迫切的愿望——那就是自己的儿女将来不要再回家来和他们一样种烟了。

回想起这些时，我都忍不住想失声痛哭，当初自己真是太不懂事了。那时的自己真就是一个孩子，只知道和父母顶嘴，却不能理解父母的难处。如今想起来，心里只是满满的愧疚。时间过去好多年了，我也上了大学，但我还是会在放暑假的时候回家帮着父母亲采摘烤烟。在我和他们一起劳作的时候，我明显感觉到他们的动作不再像从前那样轻松自如了。我的内心百感交集。爸妈真的变老了，再也不像年轻时候那样能干了，他们也快到需要我们照顾的年纪了，我感到肩上的责任又重了几分。

助农移栽烟苗记

Helping Farmers Transplant Tobacco Sprouts

早上七点半，参加烟苗移栽帮扶义务劳动的烟草公司的干部职工已经全部在公司大院内集合，共18人，其中包括去年大学刚毕业的我。我从小在城镇长大，以前从来没有种过烟叶，现在也和其他同事一样，穿上了劳动服装准备到烟田劳动。

这是今年单位第四次组织烤烟助农移栽活动，按惯例，我们准备了移栽用的锄头、中午吃的馒头、方便面、浇水胶管等。

一路上，车子在蜿蜒的山路上盘行，车内很安静，同事们那种初次栽烟的兴奋劲已不复存在，没有来得及吃早点的人还在啃馒头，大家彼此心照不宣，艰辛的一天又开始了。有了前面三次的劳动经验，我也逐渐适应了田间劳作，做好了心理准备。

到达目的地后，我们18个人分成三个小组，对口帮助三家种烟农户。烟农也早早赶到了烟地，看见我们显得很高兴，热情地跟我们打招呼，我们向烟农打听得知，今天我们这个小组的任务是栽种3亩左右的烟苗。我和其他几位同事拿起锄头、胶管，准备开始劳动。

我们帮扶的主人家是少数民族，有3口人，包括二十多岁的男主人、怀孕6个月的女主人，以及六十岁的大妈。由于劳动力不足，带着身孕的女主人也和我们一起干活。我们6人又分成三个小组，栽烟组、盖膜组、浇水组。同事们照顾我，让我负责比较容易的盖膜。主人全家则负责拌苗塘、发烟苗。我们一再让女主人回家休息，但她仍然忙着拌苗塘。

这家的烟地在一个小山坡上，坡度很陡，给盖膜带来了很大的难度。一位体型稍胖的同事在盖膜过程中，由于土质松软，没有站稳，一头栽倒在烟地里，弄得满身的泥土。事后他立马站起来调侃："在陡坡上栽烟，看来要系个安全带。"大家刚刚还为他提着的心，一下被他的这句玩笑释然，跟着笑了。

中午时分，太阳热辣似火，热气熏人。我们都汗如雨下，赶紧让女主人回家歇着。由于浇水的速度远远赶不上栽烟的速度，栽到地里的烟苗得不到及时补水，不一会儿就蔫了。于是栽烟的人也帮忙浇水，这时我们事先准备好的胶管正好派上用场，总算让烟苗及时得到了定根水。

由于烟地地势坡度大、地形不规则，移栽速度无法再快。直到下午6点多，3亩烟地才移栽完毕，在黑色薄膜的映衬下，绿色烟苗显得分外好看。

经过一天的相处，主人与大家渐渐熟悉起来，时不时地拉起家常。他告诉我们家里很困难，盖房子欠了好几万块钱的账，孩子即将出生，还有许多花费，都指望着这点烤烟收入。这3亩烤烟是他全家的希望！

夕阳西下，我们拖着疲惫的身体与主人家道别，婉言谢绝了主人的挽留。主人家最后再次表示感谢："真是谢谢你们，烟草公司和我们就是一家人，没有你们我都不知道该怎么办。"

我们坐上车，一路颠簸在回程路上。看得出来，大家都已经精疲力竭了。回想起一天的劳动，收获和感触最大的就是主人家最后道别的那句话……

保险是笔"糊涂账"

Mess Insurance

老王是村里的种烟大户，这几年一直承包十来亩地栽种烤烟。烤烟是村民们的主要经济来源。每进入8、9月份，随着烟叶开始采摘烘烤，农民心里的期待便会越来越满，想着一年的辛苦终于盼到了头。今年，同样如此，老王和其他烟农一样盼着风调雨顺，全家人一年的付出能够得到回报。

8月份的一天，下午6点左右，一场突如其来的冰雹席卷了整个村庄。虽然冰雹就持续了短短几分钟，但是老王和其他烟农为地里还没有采摘的烟叶而揪着心。趁着天还没有完全黑下来，老王和村民急匆匆地跑到烟地里看情况。眼前的场景让大家不由地倒吸了一口冷气，地上有少量被打掉的烟叶，而残留在植株上的烟叶也被打穿了孔。有着多年种烟经验的乡亲们心里都明白，这些烟叶基本算是绝收了。

看着冰雹打过的烟叶，老王不由得暗自庆幸，还好当时买了农业保险，多少能够挽回一些损失吧。其他的烟农也抱着同样的想法。所以大家埋怨了一番天公不作美之后，就站在烟田边纷纷议论起保险能够赔多少来。面对不可抗拒的天灾，辛苦了一年的烟农只能把唯一的希望放在保险赔偿上。

伴着渐渐变得浓重的天色，乡亲们陆续往家走。半路上，老王碰到了赶去烟田查看灾情的村干部，为了能让村干部充分了解自己的受灾情况，他赶忙用摩托载着村干部重新返回到地里。

老王家的烟地和公路间隔着一条小河，平日里水很浅，但现在由于连日的暴雨，水流湍急，很难过去。村干部本来打算就在远处看看得了，但老王挽起裤脚，不由分说地硬是把村干部背到对岸。村干部查看灾情，并拍了照，他安慰老王说保险应该会按照规定赔的，不要太着急。老王之前悬着的一颗心总算落了下来。

在送村干部回家的路上，老王的摩托车走走停停，沿路村民都在向村干部述说自家的受灾情况，希望他尽可能地帮忙争取赔偿，每一双眼睛里都带着无奈和期盼。

第二天，县保险公司和镇领导来到村里，重新查看了灾情，在村上商量怎么拨付保险费。

村干部把全村烤烟受灾面积告诉了保险公司。"按照全部面积中等受灾上报并下拨保险赔款。"一位工作人员说。但计算后大家发现按照这样的标准，保险公司需要拨付的款项金额很大，随后另一位保险公司的人建议道："按照一半面积重灾计算"。重新计算之后的款项金额减少了很多，村干部也只有无奈接受。

保险公司和镇领导走后，村干部发现保险赔偿很难兼顾到所有的村民，包括老王。

村民们也一直不清楚，自家的损失要报给谁？受灾情况如何算？保险拨付怎么发放？当时交了一亩地几块钱保险费的老王和其他烟农，在怀疑和期盼中，继续着自己的劳作和生活……

Story
云南烟叶故事

烤烟丰收之后

After the Harvest

今年的烟叶丰产了。看着一杆杆刚出炉的金黄色烤烟，听着别人羡慕的话语，小兰却怎么也高兴不起来，眼瞅着关烟门（烟站停止收购烤烟）的时间越来越近，自己的烤烟还有一半没交售。最要命的是，自己家的合同量（烟农种植烤烟前要同烟草公司签合同，确定种植面积以及交售数量等）已经满了，再多的烤烟也没有办法交到烟站去了。去年天气不好，烤烟的产量低，小兰家里没有完成合同交售任务，白白浪费了差不多一半的合同量。所以今年家里决定多栽一些。没想到，今年烤烟长得不错，产量是合同量的两倍多，但没有合同就卖不了烟。这丰收给小兰带来了新烦恼。

刘婶是小兰的婆婆，看着儿媳妇发愁，心里跟着着急。她背着小兰找到了有经验的烟农老王，询问自家这种情况该怎么办才好。老王说，可以向交不够合同量的人家买指标，或者也可以等烟贩子来乡里收购烟叶的时候卖出去。

刘婶听后满怀希望的回到家，看到小兰已经愁眉舒展，一脸笑容了。刘婶以为是自己的好消息先传到了小兰的耳朵里，便高兴地把与老王询问来的结果告诉了小兰。小兰舒畅地一笑，说："妈，您别担心了，我们的烟叶卖给烟贩子是不行的。首先不安全，其次烟贩子给的价钱也低，一斤才五六块。我刚才去了烟站，王站长和我说了，寨脚的苏家今年的烤烟被水淹，绝收了。我们和他们协商把合同量买过来就可以了，而且按我们家超出合同的

产量算，他家的合同量也是最合适的！"

婆媳俩说完话，一刻都不愿耽搁地找到寨脚的老苏家。刘婶因为和老苏的老伴一起跳过花灯，和老苏也算熟悉，便开门见山地和老苏商量起买合同的事来。老苏说："我也是爽快人，合同可以给，只要给我们点地租钱就可以了。这样算吧，交一公斤烟叶，就给我们5块钱！"婆媳俩一听老苏的话，心里不禁都同时泛起了嘀咕：一公斤5块钱！我上乘的烟叶一公斤也才卖十多二十块，再扣除这买合同指标的钱，这和卖给烟贩子有什么区别！卖给烟贩子还不欠这个人情！刘婶和媳妇互相看了一眼，便明白了彼此的意思，刘婶于是对老苏说："这也不是我们婆媳俩能决定的事情，我们只是来问问，回家和当家的商量了再来麻烦您！"

原本以为一切都顺利的小兰，走出苏家脸上顷刻间又布满了愁云。5元买一公斤合同指标比自己预想的价钱高太多了！小兰决定再去烟站一趟，希望找个更好的办法。

这次小兰刚走进烟站，王站长便起身迎了上来，他说："小兰啊，今天我和公司反馈了咱们乡的情况，综合各种因素，公司决定在关烟门以后再进行丰产烟的收购，你们就不用愁了！合同我们公司会负责来调配的！你们只管放放心心地烤好剩下的烟叶就行了！"

听完王站长的话，小兰一颗悬着的心总算稳当下来了。

"半个头"

—— 卖烟历险记

"Unfinished Business"

我是一个在云南大山里土生土长的孩子，可能与很多朋友相似，我的童年记忆里有一大部分与种烟有关。对于烟，我的感情是五味杂陈，知道它对人的健康不好，可它曾经在我们一家人的生活里又很重要。为了靠它维持生活，我的父母辛苦劳作，还要经历不公平，被迫做一些胆战心惊的事。下面这个故事就是我还在读书时与父母一起经历的真实的"卖烟历险记"。

每年的八九月份就进入卖烟的季节。那年的9月份的一天，我在睡梦中，突然被母亲叫醒，母亲小声说："赶快起床，起来和我一起去卖烟，要不然就来不及了，天快亮了。"我昏昏沉沉地起了床，看到母亲和父亲正在用薄棉被打包整理好的烤烟，不一会包打好了，共三包，每包约30公斤左右，分别装进了3个编织袋。父亲说："要是能顺利运出去就好了，这样孩子们的学费就没问题了。"母亲说："大清早说点吉利的，肯定能拿出去，就是赌也要赌赌看。"

我在一旁小声地问母亲："我们要去哪里卖呀？怎么要包成这样。"母亲说："我们这边今年种烤烟的人太多，收购站分级卡的太严。昨晚你舅舅来电话说，隔壁那个县烤烟分级卡的松一点，卖得上价钱，只是路上有关卡，如果被发现的话就会被没收了，所以要包好一点。待会儿路

上如果遇到有人检查，就说是去外地打工，这是带的行李。"我连忙小声说："哦，好的，好的。"把烟叶装上牛车后我们就上路了，为了不被村里设卡的人发现，父亲把黄牛脖子上的铃铛取了，趁着夜色赶着牛车走小路往公路边赶去。

将近40分钟后我们到了公路边，天还没亮，父亲在公路边的小路口看着牛车，我和母亲在公路边拦车。时间一分一秒的过去了，可一直没等到车，我和母亲心里都特别着急，最后终于来了一辆大巴。我飞奔过去叫父亲赶快把车赶过来，只听司机大声吆喝着说："赶快上嘛，你们还要拉什么，烤烟我不拉，被堵到了要罚款的。"母亲回应说："是被子和行李，要去外地打工的。"司机说道："那就快点，直接拿上来吧，上面人少就放上面得了，我懒得下来开行李箱啦。"我们赶快把编织袋放到客车后面的座位上，父亲赶着牛车回家了，我们在惶恐中乘车向目的地驶去。

走了将近1个小时我们的车到了设卡检查点，这个时候天依然还未亮。大巴车停下了接受例行检查，我和母亲非常紧张。司机下车打开行李箱，两个工作人员检查完后，其中一个在车门口看了一眼就转身对另一个人说了声"走吧"，两人就离开了。我们的心终于落地了。母亲小声对我说："幸好刚才把'行李'放座位后面

了，没放走道上，否则肯定被看见了。"我也回应说："主要是他们检查的不仔细，如果走进来肯定会被发现的。"母亲有些生气地说："查得那么严了，你还嫌不够仔细。"我没有做声，闭着眼睛反复回想着刚才检查的险情，假设着如果被发现的各种后果。

不知汽车走了多久，母亲把我叫醒了，这时候天已经放亮，我们赶快把"行李"搬下了车。母亲告诉我还没到要去的那个烟叶收购站，于是又拦了一辆面包车，花了10元钱把我们送到了收购站。我们到时舅舅已经在里面排队等候了，我们也跟着去排了队。舅舅问母亲"路上情况怎么样？"母亲说："在那个路口有人检查，还好放在后面，人没进车里没发现。"舅舅说："太危险啦，你们要动身早点，我们过来的时候倒没有人检查"。母亲："每年卖这点烟，就像卖大烟一样。你种的好，烤的好都不算，要卖好了那才叫好。"舅舅点点头说："是啊，那有什么办法？"

我们正排着队时，突然院子里开进了一辆大卡车，车上装的全部是烟叶。车上下来了两个人，他们和收购站的工作人员小声地交涉，不知道在说些什么。过了一会儿，只听工作人员大声说道："现在

排队的，要等着了，可能要到下午才卖得了。"随后工作人员打开了另外一个入口的门，只见卡车退到入口处，往里面搬着车上的烤烟。我问母亲："我们还要等到什么时候啊？"母亲说："谁知道，只能等了嘛，有什么办法，这些人肯定是做生意的，那么一大车烤烟，有关系就可以随到随卖。"

我们轮换着去烟站外面吃了饭，依然继续等着，母亲跟舅舅说："可能一会还轮不到我们，你先看着，我带他去门口的理发店理个发，最近忙着弄烤烟，头都没时间带他去理。"到了理发店，刚开始理，突然舅舅跑过来说："到我们了，赶快过去。"母亲说："那你理着，完了过来找我们。"我嘴上答应了"好。"可心里却想着舅舅和母亲两个人可能忙不过来，于是我和理发的师傅说："我待会再过来接着理，现在我要赶着去卖烟了。"说罢拔腿就跑了。就这样我顶着个刚理了一半的头，跑回收购站去了。母亲忙着也没发现我的头才理了一半，我帮着他们搬着、拖着、推着。卖完烟，我跟着母亲到结算处取钱，九十多公斤卖了九百多块钱。母亲告诉我说，这要比我们那里多卖了两百多块。然后母亲和舅舅陪我又回理发店，理完那个理了一半的头。

天刚蒙蒙亮，这家农民便开着手扶拖拉机去烟站卖烟。

Yunnan Tabacco
Story
云南烟叶故事

收购台上的故事

A Story from the Purchasing Table

2012年8月，烟草工作站里昔日的平静已被烟农们的欢声笑语所打破，在这金秋时节里，烟农们满怀希望拉着自己的劳动果实——烤烟叶前来交售。

"这怎么不行！这么好的烟叶……"一个烟农的声音在熙熙攘攘的人群中传开了。正在仓库巡视的收购负责人老黄三步并作两步循声而来，原来是烟农老赵和验级员吵了起来，老赵理直气壮地认为自己的烤烟等级应该要提高一级，就是中级二，可验级员给他定的是中级三。见到经验丰富的老黄，烟农老赵的音量变小了不少。老黄走到验级员旁不慌不忙摊开老赵的烟堆，表面似乎是很好，可中间混杂比较严重，众人一目了然。

老赵接着说："哼！你们烟草公司就是瞎搞！叫我们烟农种那么多烟，到头来你们按照合同收购，每亩只收135到150公斤，一年下来不知道给我们造成了多少经济损失。而且，今年还搞什么优化烟叶结构，拒绝收购顶叶，我们这儿是农业大乡，更是烤烟种植的大乡镇，这样一来给我们造成了不小的经济损失啊！"

老黄听完后解释道："老赵啊，你种了这么多年的烤烟，还不知道吗？烟草行业是个特殊的行业，它追求的不是数量而是质量，如果烟叶的质量不好，不但影响烟农和烟草公司的利益，严重的还会影响到全省烟草事业的发展。当然，你提到的问题不但是你们烟农的困惑也是烟草部门面临的难题。"

看着神色凝重的老赵稍微舒缓，负责人老黄面对着围观的烟农们接着说："虽说烟叶生产受气候影响大，无法确定，但对于丰产出来的烟叶，公司也采取了合同外丰产烟叶收购制度，你们看去年我们站的合同收购目标是13.6万担，但实际不也收了15万多担嘛。不但如此，公司还采取了烟用肥料和耕作机械购买补贴等形式给予了一定的经济补贴，这些都是大家能看得见享受得到的确确实实的好处呀。再看今年的优化烟叶结构，公司也给了每亩75元的补贴。所以大家不要太过担心，也没有必要通过这种方式反馈这些问题而影响收购工作，大家可以心平气和地跟我们反映问题，我们也会跟上级领导汇报，争取得到更好的改善。"

听了负责人老黄的一席话，围观的烟农在低声细语中纷纷散去了，烟叶收购台上又恢复了正常的秩序。

定级谁说了算？

Whose Decision Is It?

每年8、9月份，是收获烟叶的季节。这时节，农民们早早就把一把把烤好并分级扎好的烟叶送到烟站，盼着能卖个好价钱。他们都知道，卖烟过程中，最关键的是烟叶的定级，上下两个级别一公斤差一块钱，一户农民卖烟的钱就要差好几百块钱。那些长期与烟草打交道的农民通常都能对自己的烟叶级别做出大致判断，但最终做决定的不是他们。每年，农民常因对烟叶级别持有不同意见同烟站工作人员发生争执，但却一直都没有能改变烟叶评级的现状。

2011年9月的一天，滇西某乡镇下起了晚秋的雨，淅沥的雨点打湿了行人的头发，街面有些冷清。距离镇中心10分钟路程的烟站大院里却是一番热闹景象。开着拖拉机、赶着马车、推着小车来交烟的农民，三五成群地边议论今年的收成边排队等着卖烟。

只见收烟室里有两个年轻人，比较年轻的那位刚二十出头，用带着白手套的手随便拿起一把烟，翻看了几片叶子，然后抬头对另外一个稍年长的男子报出烟叶的级别，这位男子就把印有标识烟叶级别的

决定烟叶"命运"的收购台

烟农踏着泥泞的山道，把烤好的烟叶从烤房挑回家。

标签贴在白布上，再将烟叶搬上传送带。接下来，卖烟的人就走到另外一个房间，等着里面的人给烟叶称重、填写银行取款单。整个卖烟过程就结束了。

一位老奶奶好不容易轮到了，在工作人员报出烟叶级别后，她却用大背篓背着烟叶离开了收烟室。老人约莫60岁，头上扎了一条褪色发白的花毛巾，她缓慢地上了出口处的台阶，找了一块平地，放下背篓，把裹在烟叶外面的白布摊开，理顺烟叶，又用白布再次把烟叶裹起来，打算装进印有"烟草"字样的绿色大麻袋里。

见老人家有此举动，一时间四五个卖烟的人围上来问个究竟。

"怎么回事啊？"有人问道。

"她这烟叶，刚才烟站定成二级四，她觉得定低了，不想卖了。"一位穿灰色棉布衬衣的妇女说，"不过呢，我也觉得是定低了。像这样的烟叶，我前两天交的时候都能定成二级三。这两天怕是因为快收够了，所以收得紧，级别也定得低。"

"快别弄了，这样弄来弄去，烟叶都弄得不好了，就更卖不上价钱了。"听了这位妇女的话后，一位皮肤黝黑的中年男子忙着劝那位老奶奶，还帮她算了笔账，二级四与二级三的烟一公斤差一块钱，她这七八十公斤的烟就差了七八十块钱，"算了，别折腾了，就卖了吧。"他好心地劝着老奶奶，毕竟来一趟也不容易，虽然少了些，但总比背回去要好些。

就在大家纷纷帮老奶奶出着卖还是不卖的主意时，烟站站长注意到了，背着手走过来。听旁人说完情况，他弯腰打开裹烟的白布，用手捻了捻烟叶，肯定地说："这烟就是二级四，没错。"

听了众人的劝说，看到了站长的态度，老奶奶似乎也觉得还是卖了好。她弯下腰，再次仔细地用布把烟裹起来，用大背篓把烟背回收烟室……

老奶奶已经种了二十多年的烟，深知其中的辛苦。她用手比划着说："算下来，从种到卖，一片叶子最少要经手30次，多的甚至要50次啊！"清楚了解烟叶生长脾性的她，一直不清楚的却是这烟定几级，谁说了算。这个问题她糊涂了二十多年。

Yunnan Tabacco
Story
云南烟叶故事

明年让种多少?

How Much can We Plant Next Year?

每年的10月底、11月初，当年的烤烟交售工作刚刚结束，烟农就要为来年的种烟做准备了。最重要的，是和烟草公司签订种销合同，还要筹措烤烟保证金。

按照惯例，打算来年种烟的农民先到村民小组登记，并交纳烤烟保证金，然后由各村民小组组长统一上报到村委会，落实了指标后，再一一签订合同。种烟指标每年都有变化，由县里下达到乡，乡里再落实到每个村民委员会。

由于今年烤烟收购价格较往年高，种烟的农民有了积极性，都想来年继续种烟，有的还打算多种些。他们希望能早些把合同签下来，于是早早就把保证金（每亩100元）交到了村民小组长那儿，并且跟着小组长一起来到村委会交钱、打探消息。

这天一大早，村委会大院内就挤满了人。大家都急切地想知道上面究竟给了多少种烟指标。可听了村委会干部的话后，大家都怔住了。整个村来年的种烟指标还不如今年的多，只有350亩，还有可能下浮5%，那就是说还不到330亩。大家都开始担心自己的种烟计划要落空了。村小组长也开始考虑如何向老乡们解释。

"合同都满了，你们先回去吧。"村干部劝村民们离开。可是大家还是不甘心，不肯离去，还想争取一下。这时，离村委会最远的一个小组的组长赶到了。他一早起来走了十多公里的山路，好不容易在约定的时间内赶到了。他一进到院里，就直奔村干部，"我们组要151亩"，同时拿出村民交来的15100元钱。"没有办法，合同指标都用完了。"村干部回答说，也没有过多解释。

面对这一幕，大家都显得无奈而又困惑。往年这个时候，各级干部为了完成种烟任务，都要挨家挨户的做工作，劝说农民种烟。有些地方甚至采取极端做法，不管农户是否同意，都必须种烟。这种情况一直延续了很多年，直到近两年才有所好转。特别是这两年收购价格提高后，村民们都愿意种烟了，不用村干部出面，村民们早早就把指标认完了。没想到的是，今年农民想种烟，却没有合同指标了。

从村委会大院出来，大家还在议论纷纷，有的说合同应该让种得多的人签，有的说应该优先考虑种得少的人，有的干脆说等领导定吧，我们说了不算，当然是村干部了说了算。

唯一可以肯定的是，明年村里还要栽烤烟，各级领导还会来检查督导。只是对于村民而言，明年究竟种多少又成了一个问题。现在也只能观望，看看大多数人怎么办了。

Yunnan Tabacco
Story
云南烟叶故事

明年还种烟?

Still Grow Tobacco Next Year?

2012年10月的一天，46岁的老余在排了三十多个小时的队后，终于交上了今年的最后一批烟。老余从烟站走出来，长长地舒了一口气，一边用手袖擦了擦额头上的汗，一边和门口排队等待交烟的老乡打着招呼。看着烟站门口焦急等待的长龙，老余心里五味杂陈，回想起这一年的经历，不由得叹了一口气。

老余一家六口人，老伴、儿子、儿媳、还在吃奶的小孙子和在昆明读大学的女儿。2010年，除掉化肥农药和土地租金后，老余家卖烟叶的钱基本上没有多少剩余了。"辛苦了一年，不仅没有赚到钱，还差点亏本，真是划不来。"想着种玉米的成本和劳动强度都比种烟小得多，一家之主的他决定2011年改种玉米。但是偏偏2011年种烟的收益很不错，村里种烟的人都赚了钱，特别是老余弟弟家，租地种了二十多亩，毛收入差不多有十多万元。这让老余懊悔了好一阵子。2012年他决定重新种烟。

2012年遇上三年连旱，严重缺水，老余家这个村子水稻也没法种了。除了旱地，老余在两亩多的水田里也种了烤烟。虽然因为干旱，烟叶比往年长得差，浇水也比往年更困难，但看着即将可以采摘的烟叶，老余还是为自己的选择暗自庆幸。可是没想到七月份连续大雨，将水田里的烤烟全部淹死了，老余一家几个月的辛苦和买化肥农药的千把块钱都打了水漂。面对

这样的灾害，老余也无能为力，他和家人只好更加尽心地照顾旱地里的烟叶，盼望能够有一个好收成。幸运的是，老余自家的6亩多（其中1亩是租来的）旱地里的烟叶长得都比较好。

烟农们都知道，烟叶除了种得好，还要烤得好、卖得好，才能有好的收益。老余对每一个环节都不敢松懈。采烟的那段时间，老余一家人每天凌晨五点多就起床弄早点吃，放假回家的女儿也被叫起来一起采。忙到中午，一家五口人才能把采好的烟叶拉回家。匆匆吃完午饭，他们又要把烟叶编在烤烟杆上，然后装入烤烟房，这些都做完已到晚上八点钟了。待烟叶烤好后，再对烟叶进行分级。如此循环往复，每天都过得紧紧张张。把整理好的烟拉到烟站去卖时，老余每次都要排很长的队，甚至要带上被子准备过夜，有时还排过四五天。

这年，老余一家经过了大半年的辛苦劳作，分6次交售完烟叶，终于拿到了3万多元卖烟叶的钱。算了算，除去买化肥、农药和租地的钱外还剩下2万5。

与老余一样，这个小镇大多数的农民以种烟为生，二十多年中也目睹和经历了种烟的变化。烟苗的培育方式从在自家院子里自己培育改为村里集中育苗；种植区域从农民自由选择变成了在指定的烟草种植示范区种；烤烟也由自家烤房转移到了

打农药是保障烟叶"健康"生长必不可少的一道工序。许多烟农说，种烤烟所施用的农药比种稻谷多多了。

标准化的集中烤房。但种烟过程中一直没变的是烟农劳作时的辛苦。每年从烟苗种下开始，浇水、施肥、打农药、采摘、烘烤、烟叶分级等环节一步也不敢马虎，老余说"比照顾小娃娃还小心"。

　　尽管每年在烤烟上所投入的成本和劳动差不多，但是老余家种烟的收入却相差很大。为什么会有那么大的差别？老余这个老实巴交的烟农也说不清楚，就是感觉烟叶价格一直都差不多，对烟叶的定级却不稳定。如果某一年烟叶质量较好，烟站给烟叶定级时就比较严格，如果烤烟质量比较差，定级会比较宽松，而"严格"与"宽松"直接关系到农民一年的烤烟收入。"种烟那么多年，到底每年能有多少收入，要等到最后卖完烟叶才算得出来，因为每一次烟叶定级都不一样。今年的定级是前期严，后期略微松些。如果在烟站有关系的话，应该是收的更松些。但相比往年，今年烤烟的价格倒是涨了不少。"老余说。

　　交完烟后，老余感到有点轻松，回到家给女儿打了电话："今年种烟真是非常明智的选择，虽说苦点累点，但收益十分不错，一切都是值得的。"他还对家里人说："明年还会继续种烟，毕竟种烟的风险比较小，收入也比种粮食要好，特别是卖得好的年份收入还是可以的。只是种烟太辛苦了，就怕年纪大了种不动。"

　　老余的儿子和儿媳合计着准备给孩子断奶后出去打工，老余也没表示反对，这些年村里也有不少人到沿海一带打工，他觉得年轻人还是应该出去闯一闯。

烤烟经济让他家富了

Rich from Tobacco

小李一家有五口人。爷爷年迈，母亲体弱，唯一的弟弟还在读书，家里的重担就靠父亲和他承担。24岁的小李想着种地一把水一把泥实在辛苦，便和村里的亲戚去了离家较远的一个边境城市做电焊。

家里种地的活计就全靠父亲操持了。人们都说"光靠家中的几亩地什么时候才能建新房？"然而小李家里的4亩地却给一家人带来了可观的收入。

这跟烤烟直接相关。2000年前村里有过一段"烤烟热"，那时村里有好多的"老土笼"烤烟房，由于"老土笼"烤出来的烟质量不稳定，当时烟价也不太理想，所以"烤烟热"渐渐偃旗息鼓。直到2008年，这个村庄所在的村委会被烟草公司选为现代烟草农业建设示范村，烟草公司在村里建了很多现代烤烟房，农民在里面烤出来的烟叶质量比以前好，也稳定多了。加上近些年烟价较好且比较稳定，很多农户又开始种植烤烟，一种就是好几亩，甚至还有承包二三十亩地种的。像小李的邻居家今年烤烟打的特别好，一亩地的收入就接近6000元。

农民种烤烟效益高，挣钱多，也让附近的土地开始值钱起来。这对于田地多却缺少劳动力的家庭来说可是大好事，小李家的地也顺利地以每亩1600元的高价承包了出去。这不，前天他家刚刚收到了人家送来的承包款6400元。当地也是优质大蒜的产地，烤烟季过后，他家的田又承包出去给人家种大蒜，虽然没有烤烟的租金高，也达到每亩800元，这样他家光靠田租每年收入就达9600元。到种蒜、挖蒜，打烟的季节，村里紧缺劳力，他父亲去帮工，每个工（每天）就是八九十元，一年下来也能挣好几千元。加上小李每年在外打工，现在家里一年能有好几万的收入。

几年下来，原来经济还比较困难的小李家可算是翻身了，他家跟村里其他人一样建起了漂亮的新楼房。现在因为烤烟，村子很多农民的生活变得富足起来。而今村里到处都是新建和在建的小洋楼，面包车和电动车多了，菜市场每天也都熙熙攘攘的。

现代烟草农业示范区里，农民仍在使用传统的劳作方式

一个信贷员眼中的烟农

Tobacco Farmers in A Loan Officer's Eyes

收烟季节，烟站里挤满了前来交烟的农民。有些地方，农民交完烟后会拿到一张付款单据，再凭此单据到指定银行兑换现金。

小李是滇中某乡镇的信贷员，刚刚大学毕业两年，每年的烤烟交售时节也是小李工作最忙的时候。因为家在本地农村，家里也曾经种过烤烟，所以小李对烟农格外地关注。

由于云南三年连续大旱，2012年3～4月份，小李发现每天都有人来贷款买抽水机、水罐、皮管之类的农具用于种植烟叶。

2012年，刚进入9月，到了烤烟交售时节，冷清了10个月的烟叶站变得异常的热闹，周围的小商店、饭馆、旅馆也随之热闹起来，平时冷冷清清的街上也是人来人往。由于小李所在乡镇地处山区，所辖的土地比较广，交通又不便利，而烟叶收购点只有一个，有些从远一点村子赶来卖烟的烟农至少要在烟叶站驻扎3～5天，这也给乡镇上带来了短暂的繁荣。近几年的烟叶收购时间较往年缩短，而且只要县烟草公司下发的任务数完成后就可以提前关点。为了能把手中的烟叶尽早卖出去，今年烟农来得更为集中，整个镇上都可以看到用各种车辆拉着烤烟的满脸焦急的烟农。

10月的一天，烟农张某来贷款，小李为了摸清楚情况，就问他今年烤烟种植以及收入如何，张某回答说他家种了20亩烟，才卖得5万块钱。小李觉得很纳闷，问他说："怎么这么少？"张某很沮丧地说："我们家太老实了，20亩地全部种了政府指定的品种。虽然长得还算好，可是烤出来就全坏掉了，真是搞不清楚为什么。不好的烟叶，烟叶站又不要，只好低价卖给烟贩。如果早知道，就像其他人家一样全部种云杂品种，起码能有10万以上的烤烟收入。"小李还是觉得奇怪，就接着问烟农："既然都卖得了5万块钱，那你还来贷款干嘛？"张某无可奈何地回答："卖得的5万块，连口袋都还没捂热，就又都还了去年的贷款。今年光是化肥农药投入了1万多块，我们还要生活，只能还了再贷。"

而当小李询问另外一位来贷款的烟农杨某今年烤烟收入情况时，他满脸喜悦地回答说："今年种了8亩，得了5万多。现在准备贷点款买辆车。"小李很奇怪，为什么8亩烟就能卖到5万多块？杨某笑了笑说："今年我家全部都栽了云杂品种，烟长得好，烤得也好。"但他又叹了一口气说：

"虽然卖得了5万多，但是交烟这几天就损失了几千块！"小李觉得不明白，又问他怎么几天会花那么多钱，杨某摆摆手不愿意再说下去了。

听了两位烟农的话，小李感到一头雾水。经过多方了解，小李才搞清楚这里面的奥妙。由于烤烟实行"双控"，规定只准栽种某一个品种，而种子只能是烟草公司销售。很多烟农根据往年的种植经验，觉得规定的品种虽然长势好、烟叶大，但是种子价格贵，烟叶薄，又不易烘烤，烘烤出的烟叶成色差、枯烟较多，重量也轻，所以不愿意栽种。烟农觉得他们以往栽种的其他品种（他们称为"云杂品种"），虽然株小，烟叶也相对小，但是种子比较便宜，容易烘烤，成色又好，于是就自行栽种云杂品种。到了收购季节，烟叶站一开始只收规定的品种，烟农拉来的云杂品种眼看着交不掉，为了降低损失，他们只好低价卖给烟贩子。但到了收购中期，由于规定的品种交售数量比较少，烟站为了完成任务，这才开始收购云杂品种，但是这时烟农的大多数好烟都已经低价卖给了烟贩。所以烟农如果掌握了其中的诀窍，把云杂品种的好烟留下来，那么8亩烟就可以卖得和20亩一样多的钱，当然掌握这样的诀窍还得和烟站的工作人员有关系，这也就是为什么卖烟要花几千块钱的原因了。

云南烟叶故事

种烟四景

Four Scenes from Tobacco Farming

其一 2012年4月某乡会议室里，全乡干部职工会议正在进行：

主席台上乡党委赵书记大声宣布说："在这里全乡干部职工统一一个思想——做好烤烟的抗旱移栽，确保2012年烤烟交售任务能够圆满完成是我们乡的一项政治任务，各位副乡长副书记分工带队，分别下驻八个村委会，和村委会班子成员做好动员指导工作。谁完不成任务，谁到我办公室里来解释，在年底大会上向大家解释……"

主席台下鸦雀无声。

其二 4月底5月初的天气相当炎热，在该乡的某村小组大田里，烤烟移栽工作正在如火如荼地进行着，路上奔驰着从十多公里外开来拉满水的拖拉机。在田里忙碌的除了当地的农户，还有从城里来的新农村工作队、乡政府的领导、还有乡综治办公室的年轻女孩子们……

两个刚刚参加工作的办公室女孩子聚在了一起：

甲：我的手被晒得疼死了。

乙：是啊，我头都晕了，好好地不待在办公室，来这里晒太阳，我的工作又不是种烤烟……

这时，农田主人家的老奶奶走了过来，把戴在自己头上的草帽不由分说地给了两个女孩子，说道：孩子，别干了，戴上帽子赶快到树底下歇着去。你们的皮肤太嫩了，哪能干这个呢？我们自个儿干就行了……

甲乙对视了一眼，异口同声地赶快说道：老奶奶，不怕，我们年轻就应该多吃点儿苦，还是您去歇着吧……

在不远处观望的乡长看到了这一幕，嘴角露出了笑容，转过头对旁边的正劳作的农户说道：大哥，应该过不了多久就会下雨了，我们一定要保证烟苗成活啊……

其三 10月中旬，烤烟交售工作基本完成，在该乡的某个村委会食堂里，一场酒宴正在进行：

村委会李书记抬起了酒碗，大声地说道："各位，今年乡里给我们的烤烟任务超额完成，整个村委会1000多人，交售烤烟43万斤，均价在25元左右，这个成绩，我们在座的可以给领导给老百姓一个交代了，今晚，大家喝酒管够……"

在昏黄的灯光下，一个个黝黑的汉子的脸上洋溢着憨厚的笑容，酒碗碰在一起的声音飘出好远……

其四 在该乡的某个农户家里，中秋节刚过，在昆明上大学的男孩准备返校。

父亲从里屋出来，对正准备出门的儿子说："小坤，你不是说要买台电脑吗？来，钱给你，五千够了吧？"

儿子惊喜地说道："爸，真的？我可以买电脑啦，我可以有我自己的电脑啦？"

母亲笑眯眯地说道："去年烤烟卖得不好，没有给你买。今年烤烟卖的不错，这不，你爸就支持你买电脑啦。"

Yunnan Tabacco
Story
云南烟叶故事

种烟之后的村庄

How Tobacco Farming Changed My Village

大二暑假回家，我发现家乡发生了很多变化。最大的变化就是村里多了几条公路，这让我生活了二十来年的偏僻农村看起来有了几分现代化的感觉。这些路横穿我们村，经过很多田、地和树林，连通了隔壁的几个村子。交通一下子方便多了，但这样的变化让我感觉有点陌生，有些突然。

我问爸爸是怎么回事。他说，是政府投资建设的。附近几个村以前种稻谷和玉米的好多土地现在都被规划种烤烟了，为了方便农民种烤烟、收烤烟，这才把地推平修了路，花了好几百万。我明白了，原来这些是烤烟发展带来的公路。

一天，我专门沿着这些公路走了一趟，心里充满了说不出的感觉。

走出家门，看到我家屋后的那棵老核桃树在风中摇曳着，经过了几十年的风雨岁月，它摇摆的枝条似乎在诉说着自己历经的沧桑。我发现，和不远处的几棵树比起来，老核桃树显得更加苍老，一副没精打采的样子。我寻思着，为什么会这样呢？当看到我家的烤烟房，我似乎明白了。是啊，在每年烤烟的那一季，它都要被烟熏一遍！

沿着公路，走到寨子下面的一条小河边，发现河上也架起了拱桥，站在桥上可以环视四周，视野很开阔。但我看了一眼桥下的河水，心里有一点忧伤。记得十年前，还在读小学的时候，我还在这条小河里面抓过鱼，口渴了就喝河里的水。可此时的河水，在里面洗手都会觉得脏啊！水是浑的，颜色发乌，仔细看，水底有很多烧过的煤渣；还有很多五颜六色的塑料袋子飘在水面上，隐约可以看见袋子上写着"杀虫剂"、"去斑特"、"多菌灵"等字样。我想，村里人也真是的，打完农药也不知道清理一下袋子，难怪水里的鱼也没有了。水里还长了好多藻类和青苔，浮着很多泡沫，看上去脏脏的让人很不舒服。看着远处，原本是一大片、一大片的稻田，记得去年我回来时正是稻子即将成熟的季节，不时听到一阵阵蛙叫，有一股股稻香飘来，很有"稻花香里说丰年，听取蛙声一片"的意境。不过那一片片的稻田现在变成了黄绿交替的烟地，稻香没有了，取而代之的是一股股农药的味道；蛙声也只是偶尔听见几声，感觉凄凉了许多。

沿着公路一直走，发现儿时曾经走过的小路不见踪影了。公路周边多了好多漂亮的新楼房。小山丘变成了平地，小洼地也被填平了。原本树木茂密、杂草茂盛的小树林也变得稀疏了；林子里有了很多黄色的沟壑，就像一道道伤疤那样刺眼，这是泥土被水冲走留下的痕迹。

我也不知道这些变化是好还是坏，烤烟给村里的乡亲们带来了经济收入，交通也方便了，但同时，儿时那些美好的景象却见不到了，只能在回忆中寻找。

何日荒山才能重新披上绿装

When can the Barren Mountains Become Green Again

我的家乡处于亚热带气候地区，本来应该是湿润多雨，植物繁茂的景象，但是现在全县的大部分山区都十分干燥，植被比原来稀薄了很多，加之水土流失严重。

我家住在远离县城的一个小山村，那里山高坡陡，可进行的农业生产活动较少，农业经济来源少，交通不便，信息闭塞，现代化生产设备难以运行，也没有发展第三产业条件；只有气候比较适合烤烟的生长，因此烤烟就成为了我们那里的主要农作物与最主要的经济来源。

我的家乡栽种烤烟已经有二十年的历史了。我记事的时候，村里一般人家栽种的烤烟还比较少，也就一两亩左右。因为上山很方便，人们为了降低烤烟的成本，"靠山吃山"，就用柴木烤烟，家家户户都盖了高高的烤烟房，房子后面都有几个柴火垛。和大人一起上山捡柴占据了我童年记忆的很大篇幅。那个时候的家乡比现在美丽多了，到处都是树木成林，葱绿一片，林子里处处可以听见小鸟的歌唱，还有淙淙的小溪在山间流淌。每到夏天，林子里总有捡不完的野生菌和美味的野果，我们小孩子一边敞开肚子吃着那些叫不出

在烟区仍可见到农户各家的烤房和旁边的柴垛。有农民说当地砍下来的十棵树中有六棵用作了烤烟。

名字的野果，一边采摘着蘑菇，每天都能够有不错的收获，除了自家吃的，还能够拿到集市上换点零用钱。当然，大人们有时也会去砍一些树，不过以枯死的树木居多。

渐渐地，人们希望烤烟给家里带来更高的收入，村里栽种的烤烟面积也就逐年增加，一般家庭栽种烤烟数量比刚开始时增加了两倍多，最多的有增加了五六倍的。增加栽种量，就意味着要开垦更多的土地。村里本来就没有多少平地，所以开垦就意味着要向山林要土地，这就要砍伐更多的森林。同时，烤烟量的增加也就需要更多的木材作为燃料，一般人家每年都要用至少5吨的柴木。随着时间的推移，家家户户的柴火垛是越堆越高，越堆越多。山上枯死的树木远远不能满足人们的需要

了。山上的树木越来越少，山间的小溪也干涸了。如此这般十多年，家乡的自然环境越来越糟了。气候越来越干燥，天气越来越反常，动不动就山体滑坡，动植物的种类也越来越少，夏天的野生菌也越来越难找……一连串的变化不是用几句话就能形容得清楚的。

就在最近这两年，人们也意识到了环境这个问题，政府和烟草公司逐步采取了一些措施，比如推广用煤烤烟，植树造林……但是农民们都习惯了用柴木，毕竟买煤也是一笔不小的开支，所以家家户户房子后面还是有堆得高高的柴火垛。山上虽然比前几年绿了一些，但是离十多年前的景象还有很大的差距，不知人工植树后，何日荒山才能重新披上绿装，重现当年的美好景象。

山坡上种满了烤烟。

新米节的未来

Will There Be A Future for the New Rice Festival

拉祜族村寨，昔日的稻田正在逐渐被烟田所取代。

7月的拉祜族山寨，雨后的天空更加蔚蓝，朴实的农民在田间默默忙碌，一派宁静悠远的景象。千百年来，拉祜族人与土地紧密相连，保持着相对原始却又自得其乐的生活。为了了解拉祜族的生产生活状况，我们进行了实地调研。

崎岖陡峭的山路上不时走过三两成群的农民，踩着雨后的泥泞，肩上挑的满满的烤烟担子让他们的腰背佝偻，脚步踉跄。举目四望，映入眼帘的不是我们所想象的片片稻浪，而是此起彼伏的烟田。

"这里的主要经济作物不是稻谷吗？什么时候变成烟草了？"我满怀疑问，回头问带我们到村里的村民小组的李组长。李组长才二十多岁，但面相却比他的实际年龄老了许多。他告诉我们，这里自古以来就种水稻，但这几年"上面"推广烟草种植，把这里定成了示范区，所以现在就到处是烟田了。

我还是疑惑，问李队长"那你们是愿意种烟呢还是愿意种稻谷？"李组长说，"其实对于我们来说，是更愿意种水稻的。我们有个传统节日叫做'新米节'，是在每年稻米成熟的时候。家家户户都要在过节那天早早起床，去田间割一捆稻谷回来，在门上挂上一束，其他的碾出来做成米饭祭祀敬祖。现在这里家家户户都要种烟，以后怕是只能换或者买一些稻谷来过节了。其实我们还是挺难过的，特别是那些老人。""那为什么不种稻谷一定要种烟呢？"我问。"领导说种烟能够提高我们的思想觉悟。"李组长笑了笑，接着说"我们这里成了示范区，是一定要种烤烟的，如果自己不想种，也要把地包给别人种。"李组长指向一片烟田说，"不过我们这里还是有人没有种烤烟，他们家是趁领导没来检查的时候偷偷插的秧。"顺着他指的方向，在一片烟田中果真有一小块田生长着稻谷，看起来孤零零的。我暗自叹息，这一小块带有传统意味的稻田还能存留多久呢？拉祜人买新米来过的"新米节"又会是怎样一种情形呢？

我想去看看拥有这片稻田的"勇敢"农民。走了一个多小时去到寨子里，四下寻访，终于见到了稻田的主人。主人是一位普通农妇，戴着一顶破旧的草帽，粗布衣裳，赤裸着双脚。我说了对她为什么坚持种稻谷的好奇，她笑了笑说，"我从小就开始跟着家人种稻米，种了好多年，每年过节的时候吃着自家种的稻米，感觉很踏实。如果有一天吃不到了，真不知道怎么办。"寥寥数语让我觉得很震撼。是啊，这么多年的传统怎么能说放下就放下呢？

回去的路上，望着层层叠叠的烟田，我感觉到一种凉，并不刺骨，却深入骨髓。在所谓发展的背景下，当种烟还是种稻米这样一个简单的问题摆在面前，拉祜人该何去何从？

→ "像照顾娃娃一样照顾烤烟"是不少烟农对种烟辛苦的描述。

种烟的喜和忧

Laughing and Crying over Tobacco

烤烟阶段，大人彻夜守在烤房，掌握火候，以免烤坏烟叶。孩子也陪着在烤房。

这个村子距离乡政府所在地12公里，有耕地1300多亩，农户359户，人均耕地不足八分，是个人多地少的贫困山区。过去村里农民收入以种植水稻、玉米为主。这几年随着国家经济的发展，一部分农民外出打工，留下了很多老人和小孩在村里。为了完成烤烟交售任务，现在村子里的田地基本都种上了烟叶。

当地农民对于种烟，心中是喜忧掺半。喜，是因为这一季烟叶种下去，如果不遇到天灾，等到收获的时候，农民家里便有了较稳定的经济收入，烟叶才种下去，烟农就看着片片幼苗，仿佛看到家里的新电器、孩子手里的新文具，老人身上的新衣服……；而忧的事，却还真让人头疼，每个乡镇这数千担的烟叶种植指标压下来，分到老百姓头上，任务就少不了。为了完成任务，家里的田地几乎都用来种烟了。往年种水稻的田改种烟叶了，往年种玉米的地也改种了烟叶，门前院后只要有空地都开垦种烟叶了……

这是一个入冬后的清晨。寒风无情地吹着，远处的田野，不见了农民劳作的身影。只见一位老伯站在村口的马路边，在寒风瑟瑟中伸头张望远处，等了很久，终于，一辆开往集镇的拖拉机冒着黑烟，"突突"地开了过来。老伯大喊了一声，车子停了下来，老伯提起放在身旁的背篓就上了车。路上，开拖拉机的师傅和老伯聊了起来，"老张伯，这大清早的你去集镇干什么呀？""今天是街天，我上街买点米去。""什么？买米，这城里人买米还说得过去，你这有田有地的怎么也买米吃啊？""唉，有田有地是没错，可是这烤烟指标一压下来，这不，田地都种烤烟了，哪还有什么地种粮食啊。"老张伯沮丧地说。听到这，这一车上的人都叽叽咕咕聊了起来，"我家也是啊，那苞谷地大部分都改种烤烟了，剩下的地收的苞谷都不够喂猪，今年猪也比往年喂得少，到杀年猪的时候也不敢叫亲戚朋友来吃年猪肉了，过年也没意思了。""唉，怎么说呢，种烤烟的收入倒是比种粮食的收入高，就是投入太大了，化肥、农药不用说了，施肥、覆膜、打顶、采收、烘烤没有一道工序松活，尤其是天旱的时候，挑水浇地，我的腰都要整脱了。""就是，这烤烟一种起来，这四五个月什么事也干不了，白天黑夜的这一家子就都赶着忙烤烟的事了，别的事都没空管了，不要说出去打工了，就是孩子的学习都没多少时间去管了。哪像以前种水稻、种苞谷，种下去不需要怎么管，自己有很多空闲时间，还可以出去打工，照顾一下家里的老人、小孩。"

不知不觉车子缓缓驶入集镇，看着张老伯下车后蹒跚地向集市里走去，一车人沉默下来，心里有说不清的滋味。

一位肩挑烤烟的农民路过稻田。

爱上种重楼

Fall in Love with Paris Polyphylla

"今年只卖了2公斤重楼，就赚了五千多，金银花十多公斤，卖了二千多，明年会卖得更多，赚得也会更多。"想着沉睡在土里的重楼种子，周大姐脸上洋溢着满意的笑容。

35岁的周大姐，结婚前当过服务员，在药厂打过工。嫁到这个村子以后，丈夫出外打工去了，她承担了家里全部农活，还要照顾好老人和孩子。只靠丈夫打工的收入全家过得艰难，周大姐还是想要好好种种地，多增加收入。她想过种烟，但听老人们说，1995年前后，村里很多人家都种烟，但这个村海拔较高，气候偏凉，种出的烟叶不好，卖不了多少钱，渐渐地村里就没人种烟了。其实现在村里大部分的青壮年都在外打工，支撑着家里的生活。村里留守的大多是老人、妇女和孩子，主要靠种大蒜、苞谷，雨季时上山拾菌获得一些收入，大家日子都过得不太宽裕。

在药厂打过工的周大姐发现，大家拾菌的后山上长着一些野生重楼。她知道重楼是云南白药中的"秘方"，价格很高。村里人以前有时也挖野生重楼苗去卖，但每棵苗只能卖3、4元钱，挖的人多了，野生重楼越来越少。"山上的野生重楼，能不能野转家呢？"周大姐突发奇想，于是到后山上采来野生重楼的种子开始试种。2008年她在自家院子种下了重楼种子，没想到连一棵苗都没有出。2009年她想了很多方法种子还是没有出苗，她这才意识到种重楼不是自己想象中那么简单。

2010年，村里来了一些科研人员。了解了周大姐的想法后，他们组织了十多家农户到丽江向重楼种植大户现场学习种植技术。回村后，周大姐终于按照学到的方法育出了重楼。院子里的重楼结出了越来越多的种子，育出的重楼苗院子里已经种不下了，周大姐就把苗移到了地里，搭起了遮阳网。

看着重楼长势不错，周大姐心里盘算着："重楼苗可以卖钱，种子也可以卖钱，等根长大长粗了，每年割一些下来可以卖更多的钱。种重楼真不错！"周大姐还种了金银花，百合，卖得也不错。

看到周大姐的中草药种得好也卖得好，村里好多人家都开始种重楼、金银花、百合、玄参。"种中草药不用耗费太多的劳动力，老人、妇女都可以种，只要种得出来，现在都能卖得掉。既可以照顾家里，又能赚到钱，我老公也说不打工了，要回来一起种中草药，我真的爱上种植中草药了。"周大姐非常开心！

Story
云南烟叶故事

不种烟的自由

Free from Tobacco Farming

金秋九月的田地里，满是丰收的颜色。一串串小米辣挂在枝头，密密麻麻，甚是让人觉得欢喜。烤烟叶也长得宽阔而厚大，绿得近乎于黑色，一片片盖满了田地，也遮住了忙着采摘烟叶的人们，几乎看不到人的脸，只露出一顶顶圆圆的草帽。

老王今天没去地里摘小米辣，他在家忙着洗菜煮饭，一边等大早就去山上捡菌子的妻子回来。原来啊，今天有亲戚来家里做客，夫妻俩便放下手里的农活，早早地准备招待客人。

"要是我家种烤烟，这会儿根本不可能在家这么闲着。"老王说。老王6年前也种过烟，他依然记得种烟的辛苦和不自由。到了烟叶长成的季节，不管天晴还是下雨，6到7天就要采一次，要不然烟叶就长老了。两口子每天早上爬起来随便吃点东西，一直要到太阳下山才回来。下雨也得去，从地里出来，像个泥人，亲戚都不好意思见。

比起来，种小米辣就自由多了。像现在，正是成熟季，一般十多天采一次，忙不赢就一个月收一次。所以，今天家里来了客人，就可以很放松地在家招待客人。

老王说，不种烟后获得的自由不光是这些。种烟从选种子育苗到卖烟，几乎没有什么是农民自己可以做主的。种什么品种，烟草公司说了算，否则烟草公司就不收；等烟苗长大了，移栽要保持严格的间距，老王认为其实就是为了好看；再等烟叶长大了，就要封顶打杈，把最下面的三

片叶子摘掉，这些活都是很费工的；最让人难以忍受的是卖烟的过程。卖烟时间是烟草公司规定好的，过了时间就不收了。那烟叶留着又没用，只好卖给烟贩子，但价钱给的实在是太低，太不划算了。卖烟的时候还要看烟站工作人员的脸色，找关系，"求"着卖，才能卖个好价钱。

种小米辣与种烟是不一样的，最重要的这是农民自己的自由选择。老王所在的村子是一个传统的种烟大村，他听说明年村里的种烟指标又增加了200亩。为了完成任务，村干部又要想方设法动员农民种烟。但是，许多村民从三四年前就开始自己选择种植其他经济作物了，比如小米辣、芋头、山药等。几年下来，农民都尝到了甜头，"小米辣一年摘上两次就把种烟的钱给卖出来了。"

选择种小米辣的农民，可以根据市场安排自己的劳作。市场好了，就多种点。每年1月份就可以开始种，一直能持续到5月份。到6月份早种的就开始收获，一直可以采摘到11月份。等到收获季节，打听到收购价高了再采摘出售。如果早上价格卖低了，收购的菜贩子下午还会补偿农民差价。等到地里的小米辣全部卖完，种上萝卜、冬麦，一家人就可以歇一个冬天了。

说话间，老王的妻子秀芬拎着一篮子菌子回来了。脚上还沾着泥土，裤腿上带着野草叶子，热情的她一进门就开始招呼客人，"以前种烟，哪有闲心思去山上走走采点菌子吃啊。"她笑着说。

某老烟区，一家人在地里愉快地采摘小米辣。

不种烟也赚钱

There are Other Ways to Make Money

趁着农闲，何江到城里学开车。

家里新买了卡车，何江合计着用它拉魔芋、松针。魔芋拉去卖，松针铺在田里，腐化后作为养料，对魔芋生长好。

3年前，何江还住在土坯房里，开着摩托都要炫耀一番。他把如今的好生活归功于自己一个大胆的决定——放弃种烟，改种魔芋。

何江所在的村子地处山区，农民家里的收入基本都靠种烟。他是村支书又是村长，曾经也是村里种烟最多的。山区地少，种三四亩烟，已算得上大户。赶上好年景，一亩烟卖3千多，4亩也就是一万多块钱。但何江最害怕遇到个天灾虫害，那就意味着血本无归。有几年，碰上水灾，4亩地的烟全烂在地里。买了农业保险的他却只得到每亩600块的赔偿款。当年一家人的生活捉襟见肘，却又无可奈何。

前几年，何江听说邻村的人靠着种魔芋发家致富了。种了几十年烟的他不相信这是真的，难道还有比种烟更赚钱的活计？他亲自骑着摩托车到邻村探个究竟。见到邻村的变化，他傻眼了。那里原来还不如他们村，可如今家家都住上了砖房，添了农用车，吃的也比他们好。

何江动了心思：有可以让生活更好的活计，为什么不做？思量再三，他辞去了村里的工作，也不种烟了，跑到邻村请教如何种魔芋。哪知第一年，他就尝到了种魔芋的甜头。

种魔芋比种烟轻松。种烟要一年四季忙乎，烤烟时经常要守到晚上两三点。种魔芋就省心多了，等苗长出来，除除草，就等着收了。从种到收也就半把年时间，余下的时间就闲着，村民们还可以约着打打麻将。种魔芋还比种烟赚钱。一亩魔芋能卖一万来块钱，差不多4亩烤烟才赶得上。

何江开始带着村里人一起种魔芋。受电视节目的启发，他成立了魔芋协会，想让大家同心协力做事情，统一销售、发展，把分散的个人行为变成联合行动。协会还请到乡上农科站的技术人员到村里培训村民。何江有一个更大胆的想法，就是全村的人、邻村的都能加入协会，一起发展，共同致富。

村里种烟的农户越来越少了，但人们的生活却越来越好了。村民们纷纷住进了砖房，很多人家还购买了微型车、拖拉机。村民们都希望再干上一两年，大家筹钱，政府投一点，就可以修通村里进城的水泥路，不光方便卖魔芋，还能经常去城里走走逛逛，开开眼界。

王指挥的选择

Conductor Wang's Choice

王指挥，五十多岁，个头不高，是村里合唱团的指挥。说话间，他的脸上总带着淡淡的笑意，语调缓缓，或许是音乐熏陶出他这种平和的性格。

二十来年前，新婚后准备大干一场的他本来计划种植烤烟，因为眼看着邻近的村子靠着烟草盖起了新房开起了面包车，他认定这是一条不错的致富路。

确实，如今邻村盖起一栋栋两三层高的楼房，用鲜艳的红色瓷砖装饰着，非常显眼。走出邻村，平坦的柏油路也走到了尽头，通往王指挥家所在村的路尽是坑坑洼洼的石子路面，坐在面包车上颠簸不停。司机说这是因为村里穷得拿不出钱来修路。王指挥和他的乡亲们都将邻村的富裕归因于"他们种烟"。

但当时王指挥被村民认为具有音乐天赋而当选为合唱团的指挥，面对选择，当年的他曾经犹豫过，但最后还是决定选择放弃种烟。"一年12个月能干出13个月的活。"烤烟是一种需要大量人力和时间投入的农作物，每周两三次的排练、频繁的巡演交流，让王指挥无法腾出时间种植烤烟。

那王指挥一家四口靠什么维持生计呢？大儿子在昆明打工，"孩子年轻，赚下的钱基本够他自己用"，女儿读初中住宿生活费加起来每年也要千把块钱，再加上一家人日常的吃喝拉撒，王指挥说"全靠妻子在家养猪"。妻子一个人在家养了二十多头猪，每年七八千的收入让这个家庭称不上富足倒也安康，家里新盖了红砖房，也买了摩托车，而王指挥带领的合唱团也成为全国最优秀的农民合唱团。王指挥心疼妻子，只要一回家，他就帮家里喂猪、做饭、洗碗。

然而在王指挥看来，生活不仅仅是自己吃饱穿暖，还有一种责任。说起当初为何放弃种烟而决定做指挥时，"信任和责任。"他不假思索地回答。他所在的村是一个苗族村。天性热爱唱歌跳舞的苗族村民总会在每天的劳动之余唱几首，一个被誉为"天籁之音"的合唱团就从这个村庄走出，还远赴澳门欢庆澳门回归十周年。当被选为这样一个合唱团的指挥时，他感到这是沉甸甸的责任，决定接下任务踏踏实实地做好自己分内的工作，不能"辜负大家的信任"。

时隔二十载，被问及是否后悔当年的选择时，这个已迈入不惑之年的男人说，人不是只有靠一样东西才能生活。现在的生活很幸福，心里没有忧愁没有顾虑，他很知足。

烟站退休会计
王老爹的任务

The Task of Old Father Wang

身子骨还很硬朗的王老爹今年七十多岁了。上世纪80年代初，镇上开始大面积推广种烟，王老爹被聘到镇里的烟站做会计，一干就是近20年。2000年初，当地烟站精简人员，老人才退休在家。

春节前夕，退休已经十多年的王老爹突然接到了镇政府的开会通知，他有些疑惑地去开会，才知道是要他们去动员农民第二年多种烤烟，好完成种烟的指标。

开完会，王老爹就顺路到王齐家了解情况。王齐是个三十多岁的年轻人，这几年在村子里率先种起了小米辣。见到王老爹，他赶忙放下手里的活计，招呼老人家坐下。知道王老爹的来意之后，他说种小米辣比种烟好多了，还扳着指头细细算了一笔账：前些年种烟一年才卖5千多块，而去年种小米辣，一年就卖了2万多元钱。除了增加收入外，种小米辣还省工、自由，不用像种烟那样天天伺候着，时间一到就忙着收拾，差一天都不行。叶片成熟时，就是冒着雨也要把它摘回来，否则就会烂在田里，前功尽弃。

王老爹一边听，一边打量着王齐的家。屋里的冰箱、沙发都是这两年种小米辣赚了钱后新添置的。王齐和王老爹的儿子是同学，王老爹一直看着他长大的。看到年

在农民种烟及交售烟叶的过程中，总少不了孩子的身影，因为家里没有人手专门照顾他们。

轻人生活越来越好，老人心里自然高兴。

其实，这几十年来，镇上的农民所经历的种种和种烟有关的变化，王老爹都看在眼里，记在心上。30年前，烟站刚开始推广种烟时，农民不敢签合同，生怕有风险。王老爹和烟站的同事们走家串户地告诉农民，烟草公司肯定会按合同收购烟叶，让大家不要担心。那时农民不会种烟，他们就亲自到田间地头，手把手地教农民育苗、移栽和预防病虫害。慢慢地，农民尝到了甜头，有的种烟能手还成了村里的万元户，不仅一家老小的生活有了着落，孩子的学费也不用发愁了。

可是，随着社会发展，农民的想法也发生了变化。如今，村里的路修好了，人们的出行比以前方便多了，也因此见到了外面的世界，获得了好多前所未闻的信息。大家发现，要过好日子，不止种烟一条路，还有其他门路可走呢。比如种小米辣、香芋、萝卜、姜等等。后来，村里慢慢有人不种烟了，种起了他们认为更赚钱的作物。

但是，种其他作物也有让农民为难的时候。比如这些年，种菜的人越来越多，大家就想一起盖个冷库，帮助农户储藏一时卖不出去的蔬菜。盖冷库需要政府批准，可他们的申请却没有批下来。农户们失望之余，认为没有得到批准的原因是政府担心一旦盖了冷库，就会有更多的人放弃种烟转而种菜，这样一来，镇政府的财政收入就没有保障了。毕竟镇上没有工业，财政收入基本靠烟草。

和王齐聊了一会，王老爹感叹现在的年轻人头脑灵活多了，赚钱的本领也强多了。他也发现，要动员农户种烟，可不是件容易的事呢！他起身告辞，打算再去几户农民家转转看。他想，虽然现在村里好多农户都不种烟了，但种其他农作物也是有市场风险的。相对来说，种烟是签了合同的，终归风险小些。总会有农民把种烟当做一年收入的保底打算，毕竟"鸡蛋不能放在一个篮子里"。

→ 每片烟叶都要用手理过。

张支书的为难

The Dilemma of Party Secretary Zhang

见到张支书是在8月的一天上午，蔚蓝的天空时隐时现，灿烂的阳光不时透过云层，洒落在滇南这个以出产优质烟叶而闻名的村庄。张支书挑着箩筐，跟在满面笑容的妻子身后，9岁的大女儿扶着箩筐，边走边和坐着筐里的妹妹说笑着。一家子开开心心地走出村，去小缓坡上的地里摘小米辣。

张支书是个三十多岁的精壮汉子，以前在外跑运输挣下了殷实的家底，新建了三层楼房，家里大卡车、小轿车都有。去年村里换届，他被选上了村支书。张支书曾思量过：村里的事情多，担任支书工作耽误时间，一个月的工资也就700块。但自己土生土长在这里，还是有心为村里做些事情的。他因此也就不跑运输了，回到村里种烤烟、种小米辣。

村里的事务千头万绪，种烤烟是有任务的一件大事。张支书说"种烟就是我的工作，开会都在说种烟"。今年村里要种3200亩烤烟，比去年增加了1千亩。

张支书心里明镜似的，种烟这个"工作"其实不好做。村民都知道种烟叶累，卖烟叶受气。每到卖烟的时候，种烟户是求着烟站去卖的，要靠关系，受气也是常有的事。上次他去开会，上面说"5年内，中一烟要涨到50块一公斤"。其实，很多人的烟叶定不到中一级，大多是中二、中三级，但这几个级别的烟叶收购价又不涨。

种烟户有时候觉得很不划算，干脆直接把烟叶卖给外面来收烟的商贩。村里人说，不是不想种烟，但种了烟，交烟叶的时候，政府应该帮我们卖吧，但政府又是帮着烟站的。这样的抱怨他听得多了。

上面的一些工作安排也让人为难。就像今年村里平整土地，安排种烟这件事。村干部很早就跟镇上的书记建议过，最好是在去年10月份平整土地，因为那时候刚收完庄稼，好做工作安排农户种烟。但是，今年的种烟项目来的时候没有提前通知村里，农民已经把萝卜、洋芋、麦子栽下去了。为了完成种烟任务，农民种下的麦子只好割了喂牛。村里烟苗移栽的时间也比其他村子晚了9、10天，产量上肯定会受影响，但是估计镇政府也不会补偿因此给农民造成的损失。现在农民心里都没谱，都见缝插针地找地方种些小米辣，算是减少点损失吧。

今年，村里种烤烟的任务增加了，张支书清楚，农户不愿意种烟。自己是支书，要带头多种，不能不完成分配的任务。要每家每户做工作，还要配合镇上控制农户把烟叶卖给外地烟贩。去年他家种了6亩烤烟，卖了1万2千多元，2亩小米辣卖出了1万多块。今年他要种10亩烤烟，算是村里种的最多的了。他也种了5亩小米辣。见过些世面，张支书也明白，就算种烤烟又累又受气，但烟叶有个收购保护价，心里稳。种小米辣市场价格不稳定，种植风险高，像赌博一样；如果每个村都种小米辣，市场价掉了，就亏了。所以他想着，自己即便不当这个支书也是要每样都种些的。一样种一点，烟不好卖了还有小米辣。他也是这样给村民做工作的。

离开村子的时候已是傍晚，落日的余晖下，绵延直到山脚的烟田里，片片烤烟叶子又肥又大。走在田间的机耕路上，张

支书是自豪的，在自己任期内拉到几个项目，帮村里修了机耕路，马车和农用车可以直达地头，方便多了。作为村支书，他对家乡的发展充满信心，他说："你们也看到了，村子里很脏，垃圾到处都是，既破坏环境，也很危险。但是，只要烟叶价格增长，小米辣价格稳定，我们的日子会越来越好的"。

→ 烟站的工作人员在对烟叶定级。
这直接关系着农民能卖多少钱。

乡干部的难题

The Challenge for Mr. Zhang

正式开火烤烟前，要先把编在竹竿上的烟叶挂到烤房内的架子上，这些架子最高有5～6米，女性难以独立完成。随着男劳力的大量外出，村里种烤烟的便越来越少了。

和往年一样，分管烤烟生产工作的张副乡长在县里开过了烤烟生产工作会，签了烤烟生产目标任务书，并交了种烟风险保证金之后，新一年的烤烟生产工作就要紧锣密鼓地展开了。和往年相比，今年的任务要轻松一些，额定的面积减少了10%，产量指标也下降了21%，但张副乡长心里丝毫感觉不到轻松。自从上任开始，烤烟生产问题就是乡里每年都必须面对的一大难题。

张副乡长了解到，2000年以前乡里农民种烟的积极性很高，这是因为：一方面，当时农民以种植业为主，且种植结构单一，主要种水稻、油菜等，收入较低；另一方面，烟厂对烟农的补贴很高，从一开始的实物（卷烟）到后来的货币补贴，让农民对烤烟收入比较满意。但在2000年后，烟厂对烟农的补贴大幅度减少，越来越多的农民放弃种烟，开始尝试种植蔬菜等增加收入，造成了蔬菜和烤烟争地，干部们常说是"烟菜矛盾",乡里的烤烟生产任务就越来越难以完成。

张副乡长上任四年来,县里下达给乡里的烤烟生产指标一直呈逐年下降趋势。张副乡长和其他干部很清楚,指标减少了,乡里的财政收入会受到直接的影响。而更让他们担忧的是如何保证每年烤烟生产任务的完成。这让他们内心既矛盾又无可奈何。2012年,他们乡好歹完成了将近60%的烤烟种植面积,今年烤烟种植工作尤其难做,眼看就要移栽烟苗了,才勉强落实了38%的面积。哪怕今年烟叶收购价格比起去年来提高了10%,农民还是不想种烟。

乡干部也知道,这几年,农民种烟的收益已经不如种其他作物了。2012年农民种烤烟平均每亩亩收入才三千多元,如果种白菜,一年可以种两茬,按照这两年的行情,每亩的毛收入可以达到一万多元。何况种白菜也没有种烤烟那么费工费力,又有菜贩子上门收购,比交售烤烟轻松多了。加上当地耕地少,只靠地里那点收入实在有限,家家户户的青壮年男人大都外出打工,务工收入已经成为家庭收入的重要来源。女人也因此成了种地的主力军。如果种烤烟,靠家里的女人根本忙不过来,请工又太贵;而种蔬菜基本上不需要男人插手,顶多砍菜的时候花上几百块钱请工。

因此,当乡干部去动员农民种烟时,他们都直截了当地说:"如果种烤烟比种菜划算,我们肯定种烤烟了。"

这几年,乡里越来越多的人买了车,乡里的新房也越建越多,乡里统计的农民人均纯收入也一直保持增长,农民的日子的确比以前还好过。张副乡长也思忖,要让尝到种蔬菜和务工甜头的农民重新种烤烟有可能吗?

可是,如果完不成县里下达的烤烟指标,直接影响到乡里的财政收入。张副乡长觉得自己肩上的担子不轻,无论如何,他还得继续面对烤烟生产这个难题。张副乡长很清楚,今年要完成烤烟任务最终还是得靠后期的工作。去年,从9月开始,乡里就把干部派到周边的烤烟产区,特别是山区,了解烤烟生产信息,收购当地农民手中多余的烟叶,想方设法把烟叶安全地运回乡里来完成交售任务。

张副乡长了解到,今年打算种烟的农民主要有三种情况:一是种蔬菜多年,蔬菜容易得病,打算轮作的;二是一直种烤烟,觉得蔬菜种植技术难掌握、市场风险大的;三是这几年大旱,觉得种蔬菜浇水困难的。张副乡长决定抓住这部分农民,

→ 随着村里的青壮年男劳力外出打工,地里的活计大多落到了妇女的肩膀上。

继续做工作，尽量落实烟叶栽种面积。

镇书记的周末

A Busy Weekend

一个周六的中饭时候，镇政府餐厅里熙熙攘攘。乡干部们把外衣脱掉，放在凳子上，端了大碗饭，一边吃一边聊上午的收烟情况。

镇上的杨书记有些自嘲地说，"这给烟草公司干活，伙食都比往常好了，还有几个肉菜。"问起他们周末加班后能不能补休，他摇摇头，"等忙过收烟的日子，就快到春节了。过完春节又要忙栽烟了。"自从当地种烟之后，这就成了杨书记他们的工作常态。

吃完饭，没有休息，杨书记和大家又走着去距离镇政府半小时路程的烟草收购站，帮忙过秤。烟站有几间房，其中一个隔间是过秤的地方。烟站工作人员将分好级别的烟叶装在筐子里，再由杨书记和同事抬到电子秤上，给烟叶称重。虽说是40多岁的汉子，杨书记干了一会，脸上就冒出细密的汗珠。

"没有办法，在这里啊，政府就是靠烟草吃饭的。说到底，政府就是给烟草公司'打工'的。"杨书记倒是不忌讳，一席话引得旁边的人都笑起来。一位镇上的干部插话说，收烟的时候，不光他们来帮忙，如果烟站忙不赢，还会把村干部也叫来。村干部还会给烟站里的人买方便面吃，保证收烟的工作在规定时间内完成。

收烟是烟草公司的事情，为什么政府工作人员要加班加点地帮忙呢？杨书记说，镇上的财政一半靠烟草。简单的说，农民交烟时卖了100块，政府就能从中拿20块。因此，从种到收，政府都有任务。

镇子离省会不远，沾了交通便利的光，这几年镇上的很多人开始从事小生意或者到外地打工，种烟的人也因此大大减少了。杨书记说，以他自己的观察，村里原来有百分之七八十的人种烟，现在也因此缩减了至少一半。镇上的信用社副主任也说，现在来信用社取卖烟所得款的农民越来越少了。今年，镇里的信用社只支付了2千多万的卖烟款，而隔壁另一个镇上的信用社支付了七八千万。

"农民不种烟，烟草公司在当地就赚不到钱了，我们这些人就不会再给他们'打工'了。"杨书记笑着说。